Roh Hyun-Sook

시인 노현숙

겨울나무 황혼에 서다

노현숙 시집

겨울나무 황혼에 서다

시학
Poetics

■ 시인의 말

저를
낳아 주시고 길러 주신
부모님께 감사드립니다

사랑하는
나의 가족 고맙습니다

2013년 6월
운경雲卿 노현숙

차 례

제1부 일몰의 아쉬움으로 결국 사라질 뿐이다

제2부 또 다른 나에게 묻는다

제3부 가을, 고해성사

제4부 길고도 머언 기다림 속에서

제5부 내게 이런 숨은 강 하나 흐른다

제1부

일몰의 아쉬움으로 결국 사라질 뿐이다

그때 그 자리로 갖다 놓을 수 있다면

— 팔순 어머니께 드리는 시입니다

말없는 뒷등을 따라
끝없이 걸었던 그 길
아카시아 꽃향내에 취해
어슬렁거렸습니다
쓸쓸함으로

눈물 마른 눈으로
환한 아기 웃음의 팔순 어머니가
오래되고 아름다운 그 이층 집
한가로이 의자에 앉아 쓸쓸하다
쓸쓸하다는 그 말이 나를
희미하게 닮았다고 합니다

아직 해가 남아
젊은 기억을 묶어 봅니다
그때 그 자리로 갖다 놓을 수 있다면

아가 심장이 플러그를 꽂았다

시선이 없어도
온몸을 휘감아 흔들고
푸른 하늘이 내려와 이불로 덮인다

아가의 쌍꺼풀 눈망울 속으로

심장이 플러그를 꽂았다
편안한 바다의 젖 냄새가
내 몸 안으로 몰입이 되어 간다

아가의 두발이 내 가슴을 딛고 와
기지개를 켜며
콩당콩당 부드러운 발가락
순간의 젖가슴을 만져 댄다

아가를 끌어안고 잠드는
초가을볕의 향기

아, 행복하여라

살아 있는 생목의 향기

집으로 가는 길

잘난 체하다
너 그럴 줄 알았다

아버지는 그렇게 비웃지는 않으십니다

성묘

가을이 덮어 버린 하늘 아래에서
내 마음 차오르는 그리움의 이슬방울들
굽어 살라고 꺾어 살라며
나를 일깨워 줍니다

엊그제처럼 생생한
손끝의 벼랑 추억 뒤에서
아무것도 들을 수 없고
알 수 없는 잘린 인연 앞에서
철 늦은 통곡을 합니다

가장 길었던 하루

— 하루는 24시간이라지만 그 길이는 날마다 다르다

1.
1년 같은 하루가 있는가 하면
눈 깜짝할 사이 하루도 있다

2.
1944년 6월 6일 노르망디상륙작전
구라파의 운명이 달려 있던 가장 긴 날이 될 것이다
1950년 9월 15일 인천상륙작전
대한민국의 운명이 걸려 있던
가장 길었던 날일지도 모른다

3.
자궁 깊은 곳에 자리 잡은 꽃씨 알 하나
그만 검붉어져 갈기갈기 찢어지는 핏줄은
고층빌딩 지하에서
하얗게 질린 입술로 떨고

죽음이 공포를 망각하려 싸우고 있는 순간
앰뷸런스가 절규를 한다
그 밤은 한없이 벅찬 악몽
가장 길었던 내 지상의 하루였다

물고기 눈알로 죽음을 바라보았다

허우적거리던 어린 아이는
그 순간 물속의 죽음을 만났다
소리쳐 불러 봐도 더 깊이 너는
강물 속으로 자꾸만 떠내려가고
눈물 속 웅켜진 침묵의 물고기처럼
모든 소리는 봉인되어 갔다
눈을 뜨고도 무엇 하나 볼 수 없어
물고기 눈알로 죽음을 바라보았다
쏟아지는 별자리로 더 멀리 떠다니며
꿈을 꿀 수 없어 눈 감고
밤을 새워 더 가까이 내닫는다
아이는 쓸쓸히 울기만 하고
젖어 있는 방 마른 벽에 걸린
마술의 별자리 서로 어루만지는
시퀸**의 물고기 비닐로 다시 태어나
슬프도록 파랗게 원으로 돌고 있다
누군가의 손을 잡고 따라갔던
내 유년의 낯선

물비린내가 훅 끼쳐 왔다

---

* 통의동 시몬갤러리에서 〈노상균전〉을 보고.

** 시퀸 : 장식용 플라스틱 스팽글.

한여름 도시의 눈물

울지 마라, 지난날의 아가야
서울살이 반백 년 만에
본 것보다 잃은 것이 더 많다며
닳아빠진 구두 굽을 뒤집어 본다
하늘 아래 꼿꼿이 서 있는 나무들
한 방울 수액까지 뽑아
멀리 내달릴 수 있음에 더워도 덥지 않았다

비춰 주는 햇살에게까지 투덜대는
땟자국의 더러운 눈물
이런 더운 날 눈만 껌벅였더니
고스란히 나신을 드러내고 마는
나의 뻔뻔함과 동거 중인데

왜 나는 한여름 도시의 눈물에
없는 나만을 생각하고 있는가

슬픈 것들이 하염없이 떠다니는

어둠의 인파 속에서
기억상실증의 나는 어디를 헤매고 있는가

수채화 철로

하늘로 올라간다
두꺼운 구름 사이로
숨 가쁘게 달려오는 시간의 상행열차
길 위를 떠도는
이름 없는 세월의 철로를 따라
하행열차가 바람으로 스쳐 온다
흑백 스냅사진으로
흐리게 울고 있다

건네받은 어둠에 잠긴 슬픔
젖은 상처로 숨죽여 흐느낀다
치유의 바람 한점 없이 소금꽃만 피여
소리의 벼랑 끝에서
소리 죽은 울음을 말리고 있다

새벽은 온다 비록 어둠은 깊어 가도

굽이치는 어둠의 산맥 사이로
한줌 빛이 입 벌린 채
무너지는 가슴앓이 길을 흔들고 있다

피어나는 늦꽃 설렘이
내 가슴속에 몇었다 피고
뒤엉킨 인연의 실타래로
늙은 세월을 끌어안고 있는데

비록 어둠은 깊어 가지만
날마다 잃었다가 되찾는
쓸쓸한 햇살의 꿈
떨리는 황혼빛이
새벽하늘과 만나고 있다

지금 나는 어디쯤 서 있는가

'깨끗이' 에 관한 묵상

1.

무심히 하늘빛 아래
잃어버린 웃음이 가늘게 떠가고
황폐하고 메마른 울음소리에
부석한 긴 머리카락
아무도 감겨 주지 않았다

2.

그대가 생명꽃 피우려고
땅속 목숨 뿌리 내리려고
쌓인 먼지 텃밭 위
깨끗한 씨앗 하나 뿌린 것은
이십삼 년이 지난 어느 봄날이었던가

3.

깨끗이와 깨끗히가 다르다는
뿌리 뽑히는 엇갈리는 싸움으로
황혼의 물결이 넘실거린다

4.

벌거벗은 바람 소리
갈피갈피 추억의 상처들
씻어 내리는 그대를 알게 된 것은 일 년쯤 됐을까

5.

(혼자 있을 때 그대 무엇을 하는가요)

저 여자 누구?

낯선 여자 하나

물끄러미

나를 바라보고 있다

수유리의 봄

수유리에 가 보니 풀잎 머리들이
살며시 고개 내밀고 있었지
수줍게 조막손 내밀고 있어도
풀잎 머리들은 어느새 초록으로 흔들리고 있었지

하나뿐인 풀잎 생명이
메마른 겨울을 지나치며
급행열차로 달려가는 동안

화르르르 높은 곳으로 날아오르는
새 떼처럼 너와 나는 왜
낮은 곳으로 오시는 그대와 함께
풀잎 사이에서 바람으로 떨고 있을까

무심히 들여다본 서울 숲 쓸쓸한

절정으로 타오르다
고개 숙인 찔레꽃
벌 나비 다가왔다가
꿀 한 방울 없다고
몸서리치는데

아무도 불러주는 이 없는
나를 보더니
겨우 아는 체를 하네

모난 것들의 돌부리에 채인
발가락 사이로
몸을 버리고 마음까지 버리고
굽이돌아 갔던 녹슨 상처를 펼쳐 보네

말이 없는 내 가슴속
나의 봄은 어디로 떠났는지
널어 내놓기만 하고

홀로 떠나가야 하는

무심히 들여다본 쓸쓸한 서울 숲

생명 연습

빨강 노랑빛으로 둘러싸인 봄
민들레 바람들이 출구를 찾고 있다

불귀 불귀 봄이 절규를 하고
길목 바람들이 옆으로 쓰러져
검은 고함을 지르며
말갛게 언 하늘을 향해 펄럭일 때

버릴 것을 찾지 못한 채
널어놓기만 하고
살아온 날들 사이로
돌아서 갔던 산 그림자 거뭇거뭇 내리는데

마음때 묻은 언덕 위에
두꺼운 남루를 벗어 올려놓고
조각난 바람 따라
무거운 삶의 배낭 고스란히 내려놓은 채

그들은 모두 어디로 갔을까
연습도 경험도 없이

일몰의 아쉬움으로 결국 사라질 뿐이다

1.
멀리 바라보는 곳에는 누구에게나 일몰이 있다

머물지 못하고 떠나는 삶이
닿지 않는 계곡에 숨어 벼랑 끝 한 송이로 떨린다
내 안에 아쉬움이 온몸으로 느껴질 때
백만의 일몰 피고 진다

2.
용서하며 감싸 주면 안 될까
허물을 덮어 주는 여유가 있으면 어떨까
후회 없이 사랑하면
뒷모습조차 아름답게 살면

3.
바람에 흔들리는
아득한 유목의 길 위에서
언제 울음 그치나

멀리 떠도는 또 하나의 일몰

쓸쓸한

스스로를 벗어 버리고
겨울나무로 돌아선다

가슴 언저리 찬바람 감돌면서
한세상 마음 벽 삭이며
뒤엉켜 걸어간 자리가 선명하다

그 마른 어깨에
묻어 버려야 하는
쓸쓸함

햇빛 눈물

달려가도 닿지 못할 곳을
고장 난 무릎이 다 닳도록 기었다

먹어도 먹어도 허기지는 절망이
비바람 흙먼지가 후려칠 때마다
희망의 바람결에 속고 있었다

나는 그 흙바람 속으로 걸어 들어갔다
바람과 먼지가 꽉 찬 집에
늙은 여류 시인으로
너무 오래 앉아 있었다

비가 내리고 바람이 불고
햇빛눈물이 반짝 떨어진다

세월의 무릎은 여전히 헛바퀴로 진행 중이다

기억을 위한 변명

저녁부터 눈이 내린다
겨울 해는 짧기만 한데

물 한 모금 눈물
한 모금 겨우 삼키며
어찌 견딜까

파도처럼 흘러드는 저 세월에
파먹힌 기억을 엮을 만큼 홍건했지만
물결처럼 흘러가는 너
너를 안고
나를 잃으며
어찌 견딜까

내 안에서 너를 물어뜯고
그렇게 나를 물어뜯으며
끝내 보내지 못한 편지
우표 한 장 되어
세상을 내다보는구나

겨울나무

1.
단호하다

몸이 가벼운 겨울나무 가지
앙상함이 여린 속살로
북풍한설北風寒雪 부러지지 않는다

날개 접는 석양
겨울나무 가지 사이로
그렇게 자신을 낮추고 있다

2.
나는 뒷걸음친다

허공에 묻힌 겨울나무 가지 올려다보며
내 안에서 더 기억해야 할
늙어 가는 나의 죄상들 낱낱이 더듬어
순순히 인정하기로 한다

세상에 대한 기억마저도
비워 낼 것 같은 북풍으로
내 부끄러운 순간들을 지워 내고 있다

제2부

또 다른 나에게 묻는다

상처 유적

넘치면 어딘가로 흘러가야 하는데

스스로 머물러 있기만 한다

닦아도 닦아 내어도

안으로부터 끊임없이

무너져 내려앉는다는 것을

오늘 비로소 처음 알았다

시월의 역류

말없는 시간의 강물은
날마다 세상을 흘러가는데
언제 끊어질지 모르는
외줄타기를 하며
나는 불안한 날들을 껴안고 산다

고여 있는 상처의 늪은
불안으로 남아
떠나보내지도 못하고
온몸을 저려 올 뿐인데
말들은 내 안에서
치유되지 않은 채
다시 시월을 앓고 있다

상처도 나이를 먹는지
날마다 떠도는
삶의 외줄타기는
아무도 막을 수 없네

불타오르는 정원에서

가을의 황홀 무늬가 만져졌다

널 만난 세상

황혼 속에 잠든 시간의 속살들이

마지막으로 너에게 주고 싶은

내 삶 치사량의 고독

경보가 울린다

"나를! 찾습니다"라고

아직 끝나지 않았던가

하늘 끝자락을 부여잡고
흐드러지게 솟아오르는 목련꽃
태양을 향하여 발돋움하는
귀한 목숨들의 생명꽃
씨앗 하나마저도
흔적 없이 몸부림친다

어쩔 수 없는 시대의 아픔으로
천안함 안에서 출구를 찾아
바둥거리는 한계 앞에 설 때
잘린 하늘이 떠오른다
내 안에 있는
내 밖에도 가득 차 있는
욕망의 죄들
아직도 끝나지 않았던가

받아들이고 믿는다는 것을

될 만하니 떠나간다

서리얼음
하얀 그리움의 싹이
묻힌 내 가슴속에서

잠들지 못한 열매로
너를
불태운다

잔인한 학살

형광 불빛 아래
도도한 바퀴벌레가

나무와 나무 사이로
비웃는다
나를

붉은 꽃과 붉은 꽃 사이에 흰나비 난다

붉은 꽃이 아름다운 것은
상처투성인 채
서로 바라보며
거리를 유지하기 때문이다

심장이 피어오른다

붉은 꽃과 붉은 꽃 사이에 흰나비가 난다

생살 바람이 걸음을 멈춘다

아름답고도 뼈아픈 생의 아이러니를 어떻게 알았을까

하늘길이 닫히고 바닷길도 막혔다

심심하던 세상
지옥의 오르페우스 서곡이
장엄하게 흐르는데

천국은 하얀 폭설로
백색 폭탄을 마구 떨어뜨렸다
후려치는 눈발에
삶의 흔적 다 지워질지라도
가끔은 되돌아보면서 함께 걷고 싶었는데

100년 만의 백설 융단 폭격으로
우리는 마침내 하나가 된다

모든 겨울은 꿈속을 헤맨 끝에 새로운 고난이 도착했음을 알렸다

할 말은 많았어도 못다 한 별자리 떠날 줄 모르고

그 밤의 마지막 어둠 진실로 어두웠는가

밝는 밤 이 세상을 다시 시작하고 싶어

이젠 하고픈 말들 다 할 수 있는 별자리로 남아

꿈속에서 꿈을 생각하며 꿈을 껴안고 싶어

날벌레 허공

시간이 늙어 가고
자꾸 인생은 낡아 가고

창틀 사이로 노을빛
쓸쓸한 붙박이 마음 되어
바스라져 내린다

더 이상
남은 고통을 위해
더 버릴 것은 없는가

날벌레들이 고여 있는 천장 속으로
허공이 무너져 내린다

가을은 가을이 아프다

숨이 가쁘다 가을은
되돌아올 길 모르고 올라만 가는 그 길

고운 웃음으로 남겨진 채
거기 어디 있을지도 모를
거짓 사랑이 속살 내보이는 그 곳
반겨 줄 수 있었던 가을이면
언제나 발이 시려 왔고
따뜻한 손이 그리워졌다

미리 마음을 눈치채는 제 몸
계절이 바람 불고 간 다음에야 알았다

제 마음을 먼저 닫는 가을 문
가을이 허리가 아프다

봄 우레

무슨 난리가 났는가
이 미친 봄날에
세상천지에
다른 쪽 한끝에서는
얼음 바윗덩이가
와르르르
와르르르 쾅쾅
무너져 내리는데

겨울이 가면
봄이 온다는 먼 우주의 전언
같은 한쪽 시작에서
물방울이
톡톡톡
토독토독
메마른 다른 도시의 끝으로
빗방울 떨어져 내린다

회개

창밖을 본다
가느다란 장미 줄기
사막 길 사이로
압핀처럼 꽂혀
세상으로 혀를 내민 가시

불혹을 넘기면
미혹의 안개도 걷히는가
식지 않은 찻잔처럼
내 목구멍에 걸려
입안을 왼통
열기로 채우는

일어서는 바다

너는 하루 수만 번 모습을 바꾸기도 하지만
수직으로 일어나
다시 수평으로 눕는다
너의 단단한 언덕에
바람으로 누웠다가 간 빈자리
지나간 시간들이 노을을 물고 저문다

온몸으로 하늘을 끌어 당겨도
물살과 함께 세상을 잡아당겨도
성난 파도
끝자락 부여잡고
늘 제자리에
홀로 머물러 몸부림친다

접착제 사랑

잠시도 떨어지지 않으려 붙어 있다
연인들의
고무줄 질긴 접착제

검은 가죽과 하얀 알루미늄이
멀어져만 가고 있기에
여자는 머리핀을 꽂을 수 없다

어느 날 갑자기
남자가 날렵한 손가락 끝으로
자상하게 더듬으며
사랑이라는 접착제로
제자리에 돌려놓는다

말없이 웃고 있는 접착제 사랑
여자의 검은 머리
우아한 빛으로 타오르고 있다

살아야 할 이유

메마른 모래사막을 걷는다
목이 마르다

덜 망가진 채로 가고 싶은 바람이
핏빛 꽃 몰고 오는 저녁
딸에게 약을 먹이고 음독한 어머니
아들을 안고 한강으로 뛰어내린 아버지
외로움과 투병 생활에 지친 노인
명문 대학생 연예인 아나운서 최고 경영자 해고 노동자
고여 있는 썩은 물
매캐한 검은 연기가 하늘을 가린다

오래오래 꽃을 바라보면
마음꽃이 피어난다고
왜 피어 있는지 모르는 걸 보면
왜 내가 살아 있는지도 모르는 거다

꽃이 피는 날에는

살아야 할 이유를 내 스스로 쓸쓸하게 증명하고 싶은
부끄러움과 두려움으로 무릎 꿇어 기도드린다

또 다른 나에게 묻는다

어둠의 바닥으로 가라앉는다
불빛 미로를 빠져나오며
나는 길을 잃고 종적을 감춘다

두터운 커튼을 친다
제멋대로 걸어 들어오는 순간들
힘들어진 실종의 가랑잎들이
또 다른 나의 틈새로 파고든다

날마다 해가 뜨고 지는
들숨과 날숨 사이로
칼날 같은 생의 빛살이
짜릿하게 또 다른 나를 유혹한다

내 속에는
오래전 버린 것들이
겹겹의 먼지 속에 빛나는 것이 보였다

기억의 모래시계

구식으로 떨어지는 가을비
마음 어느 구석을 적시는지
낯설고 지루하다
순간, 고백은 발걸음을 머뭇거리다가
스스로 저물어 떠나가고 있다

말없는 기억 뿌리째 불러내어
낙엽 골짜기 상처 속으로 파고드는
석류 알 기억들이 엉켜 붙어 있다

기억에서는 늘 감꽃향이 난다
저마다 가슴속에
기도문처럼 새겨지는 모래시계
말라 가는 기억의 뒷모습이 흐릿하다

두근거려라
옛날 일을 들춰 보게 될 때마다
산다는 것은
그 추억만으로도 늘 슬프고 따스하다

하늘 보며 누운 여자

하늘의 낡은 고독을 헤아려 본다

점액질의 시간을 빠져나오는
은행 나뭇가지 겨드랑이에
가랑잎 겨울이 당도해 있다

봄, 여름, 가을 다 지나고

사이 소리 없이 겨울은 은행 나뭇가지
뿌리 쪽으로 쏟아져 들어가고
훌쩍 떠나고 싶은 자유로움만 떨고 있다

헛웃음 뒤에 숨어 있는 손톱만한 생의 아픔과 상처
나를 살리고 너를 살려
순수하게 흐르는 은하수 강물로
하늘 보며 누운 여자 하나
소리 죽여 울고 있다

제3부

가을, 고해성사

언젠가는

내 안을 서성거리는 용서가
하루 종일 주먹을 쥐었다 폈다 한다

어둠이 훑고 간 마지막 검은 발을
흐르는 빗물도 씻지 못하지만

수액같이 홍건한 용서
오랫동안 붉은 대야 속에 담아 두리라

숨이 멎기 전
생살 긁히며 뜯기며 몸을 빠져나오는
참음과 견딤이 세상 밖으로 느릿느릿 나온다

언젠가는 다 두고 떠나야 할

기다림이 무서운 이유

누가 깊이 숨겨 놓았나
온통 거미줄로 뒤덮인 세상에

순간 빛나는 어둠과 달빛 사이로
웅크리고 잠든 시간이 야윈 등짝 드러내고
무심함을 끌고 간 썰물은 돌아오지 않는데

어미는 평생을 기다림 감옥에 산다고
손끝에서 머리끝까지 전해져 오는 노을이
낡은 깃발 날리며 눈물구름 따라나선다

바람처럼 구름처럼 자유롭고 싶다 하던 네가
나비영혼으로 내 앞에 홀연히 매달려
제 몸의 무게를 버리지 못하고 있구나

아직 어떤 생의 빛깔 향기보다 더 진한
기다림의 독한 향내가 난다

호모 헌드레드를 위한 칸타타

100살 사는 게 축복이냐 재앙이냐 논쟁이 뜨겁다
대부분의 직장인은 50세면 퇴직을 하는 세상에서

"이제 나는 내년이면 백 살이 된다"는 할아버지, 엊그제
증손녀의 백일 축하 잔치에서 나는 전쟁과 가난 괴로운 일
슬픈 일도 많았지만 꿈을 소중히 키우고 마음에 부드러운
봄바람을 품으며 살라 하셨던 나의 아버지는 호모 헌드레드

내 바람의 속삭임으로 평생 갈고닦는 좋은 습관이
호모 헌드레드 시대 장수 비결!

우울한 샹송

불과 일 년 전까지만 해도 목숨 줄 다하는 주부, 주부 뒤에 다시 주부로 이어져 온 나는 주부였다고 쓸 수 없다 지금도 후회해 봤자 소용없지만 가만히 생각해 보면 내 꾐에 빠져 벼랑 끝 마른 지팡이에 매달려서 오늘도 시를 쓴다, 쓴다는 것은 누군가를 위해 활활 목숨의 관솔불 타오르는 것이 틀림없다 어느새 솥뚜껑 삶 속에 갇혀 숯이 되어 버린 나, 나는 한순간 시라는 노래의 달콤한 유혹과 싸우며 새빨간 립스틱으로 우울한 샹송을 꿈꾼다

한 번도 마주한 적 없는 서투른 고백이 나를 불러내어 먼지 낀 창유리를 흔들고 폐허의 목소리만이 먼 허공을 바라본다

먼 길 끝에서 내가 나로부터 탈출을 시도한다

겨울나무 황혼에 서다

겨울나무 마른 몸속으로
나이테의 오랜 적막이 파고든다
가끔은 행복하고
또 가끔은 슬프기도 하던 황혼의
속울음 삼키는 어깨가 흔들린다
입술 부르튼 세월 어리석어
제 뼈끼리 부딪치며 어긋나온 무릎의 시간들
안개의 깊은 우울이 젖어들고
지상 저편 길게 누운 황혼이 나를 돌아본다

다 알고 있던 사실이었지만
누군가를 위해 활활 타오르며
춥고 가난한 가슴을 뎁혀 주던 너
너는 차가운 칼바람에 뽑혀져 나온
마르지 않은 허무의 흰 뼈로
어리석은 나를 두들겨 주곤 하더니

서울의 봄에게 할 말이 있다

간직하고 싶은 봄이 없는 서울은 슬프다
간직해야 하는 봄을 밀쳐 내는 서울
서울은 봄에 더 슬프다
봄바람 명주필을 가르며
부딪치고 구르고 깨어지면서
늦게 도착한 생명줄이
그 대지로 흘러들어 한꺼번에 뒤엉키는 봄
일찍 움켜잡았던 욕망의 가지를 놓아 버린
빈손처럼 삶이 홀가분하다
언 땅을 딛고 살아나는 목숨의 뿌리로
깊고 애절한 주기도문을 왼다
피와 땀으로 꽃 피우는
소망의 영혼은 슬프게 아름답다
봄이 늦어 천천히 봄꽃과 함께 길을 간다
봄꽃으로 바라보는 서울이야기
서울의 봄에게 할 말이 있다

어디, 저 먼 곳을 바라보았다

날마다 잃었다가 되찾는
꺼지지 않는 불씨
젊은 인생 하나가 찬란함으로 서 있다
저 먼 곳을 바라보니
놀아 보지도 못하고 어정거리는 틈에
바람 따라 시절은 가 버리고
어느 사이 우리의 마음 벽은
얼음 눈물 항아리로 채워져 있다
쓸쓸하고 나약해 보이는 너를
기교 없이 달래 주는 멍한 하늘이 있어
마주 앉아 늘 비춰 주던
너를 알아보지 못했던 나날들
요란한 양철지붕 빗소리처럼
덮어 버린 하늘 거대한 폭풍의
모진 바람과 연약한 바람에 묻혀
물뿌리개 뿜어내며
낡은 인생이 흔들리며 걸어가고 있다
빗살무늬 바람 사이로 아득히 황사바람 불어와
작은 연못이 찰랑찰랑 조각 손을 흔든다

그래도 벚꽃은 피어나더라

어느 해보다 많은 꽃을 피웠다
삶과 죽음이 엇갈리면서
마냥 휩쓸어 간 쓰나미
온 세상 무너져 솟구치는 아우성

한 달 뒤
그래도 다시 벚꽃은 피어나고
최후의 순간들이 화면 가득
동영상으로 떠오르고

나 죽고 우리가 죽고 난 뒤에도
저렇게 눈부신 꽃은 피어날 것인가
잔인하게 피어나는 봄을 보고 있는
너그러운 최후의 나

쏟아지는 둥지

빗줄기 사이
야윈 햇살 콘크리트 눈물로 굳어 가고 있다

봉인된 편지처럼
날지 않는 기억
가뭄으로 말라 가고
검은 눈동자 주위로
시간을 잃어버린 계절이 배회를 한다

이윽고 고난의 장맛비
수직으로 떨어져 내리고
비구름 아래 갈 곳 없는
나의 영혼이 떠돈다

인터넷 파편이 날아다닌다

성性을 팔고 사는 사람들 사이로
시간 장소 나이
숨겨 놓은 살 속으로 몰려들며
슬픔이 허공을 잡고
태양을 음란바다로 덮고 있다
날카로운 생의 모순이
어둠 밤 길에 온몸
뭉개져 버린 이웃 마주하며
새벽이슬 영혼들을
상실감으로 휘청거리게 한다

나는 이 한여름 모진 시간을 피해
왜 남몰래 혼자 살아온 것일까

세상 폭염이 욕망의 가마솥 안에서
아득히 무너져 내리는 소리
슬픔이 허공의 허리춤을 잡고
비틀비틀 걸어간다

볼라벤 불의 흔적

실핏줄 터져 있는 나무들과
큰 나뭇가지들이 부러져 누워 있는 계곡
누군가의 맑고 뜨거웠던 시간들만이
재가 된 태풍의 흔적으로 남아 있다
조그만 다리 위에서 걸음을 멈춘
한 존재存在만 남아 흔들리는 다리 밑
흘러가는 물살의 아픔으로
태풍의 상처를 분주함으로 씻으며 치유돼 가고 있는가

불폭풍에 가지는 비명처럼 찢겼지만
자연을 알고 있는 저 나무는 비 그친 하늘에
몸을 섞으며 쓰러진 풀잎들을 어루만진다
생명나무의 따스한 손길들이 흘러넘친다

넘사벽

지상의 모든 소통을 끌어안는 불 켜진 영혼들 불통이
너를 꿰뚫고 나를 두르치며 지나간다
소통의 우등지마다 한 우주의 중심이 흔들리고
더 이상 자를 것도 없는 위선의 사람과 맑은 슬픔의 사람 사이로 흘러간다
소통이 폐업당한 청춘처럼 불통이 되어 야단법석!
엄마 손 잡고 걷던 손주가 기쁨의 사과 꽃 속으로 웃으며 들어가고
나의 시는 기억 속으로 점점 멀어져 간다
내 손을 덥석 잡는 불통의 시그널이 불통의 바람 사이로
끼어들며 쓸쓸히 덮쳐 온다
소통은 소통하는 것들끼리만 소통하고
소통을 넘어가는 것들은 더 이상 소통이 아니 된다
소통이 불통이 되어 버리는
나른한 이 지상의 오후

---

* 소통 부재의 절망감을 요즈음 젊은이들은 '넘사벽' 이라는 신조어로 표현한다.

삶의 간이역에 갈바람 불다

아픈 기억을 떠올린다

가문 하늘에 샘물을 파는
늦가을 볼우물로 움푹 파여 있는 간이역이
운명의 깃털로
생의 털실을 거룩하게 감고 있다

네 생生에 설렘으로 불어와
산다는 것은 늘 떠나는 것이라고 속삭인다

시간의 햇볕으로 시간의 그늘을 말리는 가슴
가슴 가득 바시락거리던 날들이
묵은 햇빛에 바래어
절름발이 걸음으로 서성이는데
젖은 이마의 능선 위로 갈꽃 바람만 불고 있다

가을, 고해성사

속살을 만지고 간다 내 마음의
나는 너에게로 가서
살갗조차 만질 수 없는데
가을 저 홀로 쓸쓸하게 다가와서
나를 흔들다 가고
내 손을 만지다 간다
나는 네게로 가서
네 손목조차 만져 볼 수 없는데

너는 네 바람의 발목을 만지다 간다
나는 외롭게 네게로 가서
네 발목 언저리라도 만질 수 없는데
순도 높은 가을이 그리워
들키지 않게 온몸 투명해져
내 안을 가득 채웠던 붉은 고뇌들
원죄가 끊임없이 나를 흔든다

접근 금지! 시간의
황색선이 그어지고 있다

열애

사랑하는 사람아
당신은 무엇으로 존재합니까
들풀의 향기와 바람이 있겠지요
흐르는 물소리와 바람 소리가
하루하루를 휘어 감고 있겠지요
진실이 진실로 받아들여지지 않는
상처 난 나는
하루하루가 봄날처럼
아물지 못하고 있습니다

굴레

1.

시간이라는 여정 속에서 진실로 인간이 되고자 하는 것은

잠시 머물다 집으로 돌아가야 하는 현실의 굴레 때문인가

2.

기다려도 기차는 오지 않고

어쩌면 가 버리고 없을지 모를

기다림의 막차 25시 기차는 떠나가고

3.

허기를 부여잡은 채 허기를 채워 달라고

구걸하는 나의 그림자 태양의 눈동자를 들여다본다

나는 진실로 무엇을 원하는가

4.

끝내 잃어버렸다고 생각한 굴레

굴레 사이를 바람처럼 달려간다
비명 지르고 싶어도 머뭇거리며 눈치 보는 사람들
피우지도 못하고 시들어간 가여운 이들 불러
불러 모아 놓고 오래 세상이 아팠다고
슬픈 사랑의 잘라 버린 굴레가 태양 밖으로 나를 밀어낸다

5.
어느 별똥별쯤 떨어져 있는 걸까
길 잃은 나는

누룽지를 삼키는 오후의 여자

겨울눈으로 갠 하늘
너무나 깊은데
알프스를 떠오르게 하는
오후의 앞산이
목화송이로 피어 있습니다
햇빛 속으로
햇살이 하얗게 웃고
빈 공간 속 오후의 여자는
점점 눈이 흐려져
서둘러 커튼을 내리는 것이
일상으로 되어 있습니다
석류 알처럼 탐스러운
밥알 등 뒤로 밀어내고
검게 탄 돌솥 누룽지
가슴으로 끌어안으며
오후의 여자는
삼키고 또 삼키고 있습니다
기억조차 없는 혀의 미각

방향 잃고 방황하며
언제부터인가
싫지 않게 검게 탄 돌솥 누룽지가
입안에서 저녁노을로
웅크리고 누워 있다는
그 생각이
채 마르기도 전
한번쯤은 숨기고 싶던
수태를 상실한 오후의 여자
서두르지 않으며 잊혔던
묶음의 추억을 불러 보아
웃음 털며
울음 털며
느림의 두 손이 빠르게 감싸고 있습니다
울어 버리려다
웃어 버리는
누룽지를 삼키는 오후의 여자

한계령

절정을 돌아 밤길을 간다
비상라이트의 손끝에 매달려

비탈진 산허리 안쓰럽게 밟고 있는
낡은 가속기의 탄력 너머로
슬픔의 경련이 벌떡 일어난다

등을 세운 자작나무와
계곡을 더듬는 바람이
몸 부딪치며 부둥켜안는다

온몸 칭칭 감아 주는 뒤섞임의 누에고치
풀 수도 없는 무량한 시간의 소용돌이가
검은 쭉정이로 누워

터뜨릴 꽃씨 하나 없는 사랑이
육체의 흔적을 모두 지운다

꿈속에서 그대를 만난다

창밖에는 겨울 해가
흐린 잿빛 구름 속으로
몸을 감추고
가스 불 위 주전자가
온몸으로 뜨겁다고 울부짖는다

그대를 꿈속에서 만난다
꿈 밖에서 그대를 만나면
풋풋하게 벌거벗은 웃음이
풀잎 머리칼 내음으로
속살 깊이 솟구친다
꿈속의 그대를 부둥켜안은
통증의 불덩이
미쳐 있는 그대의 시 한 줄 안쓰러운데
창가의 새 한 마리
새벽을 두드리며
태엽 감는 소리가 귀를 자르고 있다
자꾸만 꿈속에서 그대를 만난다

제4부

길고도 머언 기다림 속에서

애증

남은 숨 가로막는
회오리 속에서
마지막 새벽 별이
휘어진 길 한 끝
푸른 물결을 꿈꾸는
검은 머릿결의 오만이었다

떠도는 바람 소리가
가엾도록 매달리는
아득한 울림으로
손등은 피가 아닌
죄의 족쇄에 묶여
사랑을 모르는 사랑으로
서서히 내리꽂히는 햇살이
유리창을 파편으로 부수고 있다

집착

주름진 입안에서
웅크리고 있던
백색 타이레놀
찢어지는 통곡으로
아우성치며 허물어진다

한없이 부드러운 세상을
소리 없이 부드러운 세상을

더 이상 버틸 수 없어
애 터지게 부르짖는 집착으로
숨 막히는 겨울날
두 팔을 펼치고 펼쳐
온몸으로
두 손으로
으깨어지도록 내리친다

한없이 부드러운 세상을

소리 없이 부드러운 세상으로
새 떼들이 날아가고
잃어버린 하늘만 바라본다

길고도 머언 기다림 속에서

만났던 날보다
더 사랑했고
사랑했던 날보다
더 많은 날들을
길고도 머언 기다림 속에서
그리워했었지

너를 보내고
너를 떠나서
어떻게 살아야 하는지
기인 숨 내뿜는 것조차
힘들었지

내 인생 전체를
삼키고도 남게 했던
문신 같은 어린 왕자

연민의 시간과 추억의 날들이

내 안에 뿌리째 박혀 있어
꺼내기 힘든 기억을
네가 떠난 자리엔
바람 불고 비 뿌리고
지금은 눈이 내리고 있지

내 둥지를 떠나
지금 어디에
이 세상에 단 한 사람
어린 왕자여

건널목에서

타이탄 속 늙수그레한 아저씨
몇 가닥밖에 없는 머리카락
백미러 밖으로 이마의 주름살
깊게 파여
올려다봐도 내려다봐도
대머리인 것을
안타까운 눈동자가
백미러 속으로
빗질하고 있다

타이탄 밖 산발한 아줌마
뿌우연 유리창 앞에서
파마머리 자랑스러워
몸짓으로
웃음 담아내고 있다

건널목 붉은 신호등
울음 놓여 매고 있는

젖은 상처의
구두 한 켤레를
황색선 밖으로 밀어내고 있다

3월의 폭설

영동 산간 지방에
때늦은 폭설이 내렸다고
매스컴에서는 난리가 났다
내가 숨 쉬는 서울에는
빗방울조차 보이지 않고
황사만이 애꿎은 하늘
서걱대는 모래로
뿌옇게 덮인다
메마른 기억을 더듬어 본다
방글방글한 물방울로
무릎 꺾고 뜨겁게 껴안은
숨소리 아직 잊지 않았다
눈이 부신 꿈으로 끝나지 않고
3월의 폭설처럼
서울 대지 위에 뒤 덮여
깊숙한 뿌리가 무성한 잎으로
솟아날 수 있을까

하루

여자가 엎드려 창밖을 내다본다
호흡의 연속 긴장
안과 밖이 줄다리기 한다
여자가 방바닥에 누워 안경을 찾는다
바람이 저 혼자 책장을 넘기고
여자는 바람을 껴안는다
뿌리를 잃은 하루가
거꾸로 매달려 있다
여자가 울고 있다

그러니 나를 좀 그냥 놔두시오

그녀의 하얀 승용차가 가파른 언덕을 올라간다
언덕 위에서 건너편 북악의 성벽
검은 돌덩이에 핏물 나도록 시선을 꽂는다

검지로 버튼을 누른다
바이올린 선율이 안단테와 레가토로 차 안으로 혹은
차창 밖으로 가득 번진다 밤하늘 별들이
성벽 불빛 하나하나와 블루스를 추고 있다
건널 수 없는 다리난간이 아닌데
건너야만 하는 다리난간
불의 화살로 날아가
그녀의 불꽃 가슴으로 치받히는 성벽
꿈결이 아니듯 그녀에게만
독기로 꽂혀 있는 세상 최악의 쓰디쓴 미소가
얼비친 가슴 북악의 성벽을 시퍼런 메스로
기다랗게 세우고 있다

그러니 나를 좀 그냥 놔두시오

목 타는 핸들 끌어안고
코끝의 차디찬 바람이 승용차를 달리게 한다
이제 다시 어디로 떠나야 하는가

낙엽

퇴색되어 뒹구는
휑한 아스팔트가 허전하다

점점 노화되어 가는 시력으로
부서져 가는 낙엽의 눈
눈으로 걸어 들어가는 여자

함께할 수 없는 시간
묶어 놓을 수 없는 세월
널어놓고도 드러내 보이지 못하는 가을
가을을 마르도록 말린다

발치를 하며

1.

3분 세차를 하고 있다
차창 밖에서는 차가운 물줄기
온몸 더듬고 있다
차창 안에서는 도니체티의
남몰래 흐르는 눈물
쏟아져 흐르고 있다
시원한 비누 거품과 함께

2.

3분 발치를 하고 있다
수많은 매듭들
지키지 못한 죄스러움으로
남모르게 물기를 뜨겁게 적신다
회오리바람 속으로 비틀거리며
온몸 간직한 고통 마감했다
끈질긴 미련과 함께

여자

살아갈 날들 저편에
바람에 나부끼는 나뭇잎들
나를 부르는 손짓으로
허공 가로지르며
야릇한 꿈 키운다

흘러가는 시간의 여울
부서질 듯 끌어안고
남은 목숨 언 땅 위에
한 가닥 운명
밧줄로 꿈꾸고 있다

장미

작은 뜨락

몽글몽글

이슬 젖가슴

품어 안고 있다

작은 연못

아침 햇살 등진
불그레한 물무늬 밖으로
잉어들이 얽히고
설키어 불뚝해졌다
꼬리로 해를 흔들어
부딪히는 몸짓이
색소폰 소리로 구부러지고
황홀한 시간이
치받고 뻗어 나오는
무너미 위로
마른 등 휘어지도록
알을 슬고 싶다

만개한 벚꽃이

달빛 사이로 바람 사이로
살과 살 사이로 뼈와 뼈 사이로

묘연한 통정의 봄밤에

만개한 벚꽃이
알몸인 채로!

내 사랑은

가고 없는 날들이 모여
불타고 있는 하늘 아래
알지 못하리라

헝클어진 흰빛 머리카락
내 사랑은

소리조차 봉인되고
쪽빛 황혼으로 물이 들어
그렇게 돌아가리라

별

무한천공
떠돈다

너와 나의
만남은

멀고도
슬픈

별

너와 더불어 살 수 있다면

얼어붙은 공중에서도 하루살이는
녹아내리는 입김으로
몸을 푸는 넋두리 춤을 추지

바람에 취해 꽃들에 취해
긴긴 사랑으로 살던
너는 나비였지

거친 세상 한지붕 아래
초롱꽃처럼 한 몸 일으켜
너와 더불어 살 수 있다면

섬

하늘과 바다 사이에

떠 있는 너는

목청껏 꺾어지는

파도의 슬픔

휘어진 수평선으로

쓸쓸한 등이 굽는다

노르망디 가는 길

튕기는 햇살의
입자들이 밀밭
녹색으로 분해되어
폭포처럼 누워 있다
맨발로 세느 강을
건너오고 있는 여자와
검은 소의 느린 울음소리 들린다
돌아가는 고속도로가
남긴 그림자
흔들리는 바람 속에
끝이 나지 않은 하루처럼
휘어진 길 한 켠에
길게 걸려 있다

삶

— 사돈어르신 천국 가시던 날

겨울 모퉁이 누군가 길을 쓸고 있다
싸리 빗자루 싸락싸락 소리 날 때마다
쓸쓸히 거리가 비워지고
세상은 내뱉지 못한 것들로 가득 채워져
길 위에는 시든 종이꽃만 쌓인다
마지막 가랑잎 하나 겨울 들판에 눈물 흘린다
허공이 흔들리는 꽃울음 소리로 들려오고
깊은 속울음을 끌고 가는 행인들
돌아올 수 없는 이승은 다리를 건너가고
까맣게 묻혀 버린 저승은
어제를 돌아보지 않는다
얼음 차가운 밤바람
마지막 이승이 고개 숙인 채 앉아 있다

제5부

내게 이런 숨은 강 하나 흐른다

내게 이런 숨은 강 하나 흐른다

허름한 나룻배로 불볕 아래
어둠으로 서서 젖어 오는 강을 건넌다
강 위에 떠도는 닥종이 집들
검고 붉은빛으로 물든다
하오의 목마름이
낡아 가는 내 물결의 울음소리처럼
타 버린 맨발로 목마른 강을 건너고 있다
아무도 귀 기울이지 않는
목마른 강물에 파도치는 소리
어두워 오는 강이 절망에 잠겨 통곡하고
고난의 대못 박히는 아픈 시간들이
늙은 내 강가의 하얀 하늘로 떠다닌다
머리 풀어헤친 황혼 그 서쪽으로
울음소리 목 놓아 물결쳐 가는
내게 이런 소리 죽은 강 하나 흐른다

메콩 강 검은 눈의 아이들

1.
낡은 배에서 보따리처럼 내렸다

살아오는 삶의 아픔으로
살아 있는 메콩 강 검은 눈 아이들이 다가온다
작은 손들이 피 묻은 칼을 들고
파닥거리는 물고기 둥근 입을 내려다보며
익숙한 손놀림으로 다부지게 내리친다

나보다 먼저 살아온 것 같은 익숙한 칼질의
아레크삭 아이들
순한 그 고요 앞에서
떨리는 손 떨리는 가슴으로
너는 새싹 밀알들을 심고 있지만

2.
머나먼 메콩 강
검은 눈의 젖은 아이들

"쁘레아뽀!"*

한세월 지난 후에
흙더미 위로
믿음과 축복이 자라고 있을
섬김의 십자가를 무릎 꿇고 우러러본다

* 쁘레아뽀 : '축복'을 뜻하는 캄보디아어.

새봄의 힐링

제 몸의 끝과 경계를 잇는다

등 뒤로 끌려가는 시간의 통증이
한 목숨 피고 지는 자갈밭 사이로
늙은 호미질이 누워 있다

새로울 것도 낡을 것도 없는
오늘만 있는 밭두렁마다
괴로움과 아픔이 쉼 없이 흘러오고 또 간다

반가운 햇살 리듬에 맞춰
곤돌라 타고 까르르 올라가는 병아리 떼 웃음
어혈처럼 저 홀로 굳어 가는 웃음이
어긋난 시간의 공중에 떠서
까맣게 허리를 굽혔다 편다

한 번도 마주한 적 없는
내속의 나를 불러 놓고

나에게 되묻는다
내뱉지 못한 시간의 말들
눈물 소리로 털어 버릴까

바람의 사연

바람의 쓸쓸함보다
황혼의 바람이 고여 짓무르고 있다
살아가면서 몇 번쯤이나 겪는
보이지 않는 배반과 배신으로
무너져 내리는 가슴 시린 사연들
깊숙이 숨겨 두고 싶은
꽁꽁 언 마음 한 켠으로
삼키고 또 삼킨다
겨울 하얀 산자락 등성이 위로
구석구석 삼킨 사연들
어두운 계곡을 찾아 몰려다니고
사이사이로 굳은살 박인 슬픔만 밀려 들어와
한 삶에서 또 다른 한 삶으로
흘러내리는 바람의 사연들
천지를 들쳐 메고
저 홀로 소리 죽여 흐느낀다

안단테 안단테 칸타빌레

마음이 들뜬 봄날
하늘의 시간이 느리게 아주 느리게
흐르는 곳에 홀로 서서
서둘러 핀 진달래 세월을 바라본다
까르르 까르르 웃음 쏟아내며
들숨 날숨 뿜어 대는
하굣길 아이들
고난의 삶은 그대로인데
변치 않는 나와
늘 변하는 너로 인해
부르튼 심장이
어긋난 갈증으로 요동을 친다
등 뒤로 마른 바람 한 자락이
헉헉 숨이 멎을 것 같은 고통으로
하루의 적막을 잠근다
이렇게 무너지는 것인가
교차로 길 위에 앉아
아무 말 못하고 속울음만 삼키며
조각난 시간을 반추하고 있다

집이 어디세요

— 알츠하이머 현상

젊음의 불길
연기도 사라지고
슬픔이 죽음처럼 찾아드는
쓸쓸한 황혼
애지중지 길렀던
아들도
딸도
찾아오지 않는다
날마다 함께하는 이는 요양 보호사
뿐
실종된 눈동자는
낡은 침대로
하루하루 소멸되어 가고
폐기된 삶의 화차들이
밤마다 나락으로 추락한다

집이 어디세요?
누군가 묻는 소리 허공에 들려온다

작은 빗방울

유리창 아래로 흐르고
수직의 눈길로 바라본다

검은 물기로 채워진 너를

거품으로 떠 있는
오랜 시간이 안으로
안으로 타들어 간다

감추어진 인연의 목소리
유리창 위로 흔들린다

세상은 통화 중이다

쓸쓸한 풍경
연기처럼 감추고 있는
용정과 화룡 사이에
홀로 서 있는 외눈박이
가로등을 바라본다

불러만 보고
만져만 보는
팔월의 황혼을
한 소쿠리 담았다

바람피우고 싶도록
맑은 바람이
달아나는 시간 붙들어 세우고
외로움의 깃털 하나 감춘다

어디에고
부재중인지 알지 못하는

세상은 통화 중이다

나는 내 안의 나와 통화 중이다

이룰 수 없는 사랑

— 요세미티 면사포 폭포

깊은 계곡을 오르막
내리막하며 광폭하게 나를 운행한다

온몸 던져 버리고 영혼까지 불사른
인디언 추장의 딸 유레카와 기병대 장교
데이비드의 이룰 수 없는 사랑
그 사랑의 소금눈물
눈물이 줄지어 쏟아져 내린다는 면사포 폭포

여전히 요세미티는 절벽으로 서 있고
기다리고 기다리던 네 사랑마저 일몰로 사라져 가고
흰 눈이 녹아 지독한 사랑이
검은 눈물로 흠뻑 젖어 떨어져 내리고
떨어진 어둠의 그림자만 황홀하다

가슴속에 품고 있는 내 이룰 수 없는 사랑
슬픈 목젖 너머로 타들어 가고
얼어붙은 별 아래 새까맣게 떨고 있는 오늘 밤

불빛처럼 햇빛도 구부러지지 않는
면사포 폭포로 뛰어들어 간다

연습이 필요 없는 세상사 다 내려놓고 보니
가져가야 할 것들 모두 먼 길 떠날 준비를 한다

하나님은 당신을 사랑하십니다

— 필리핀 발렌수엘라 시 똘롱땅께 마을 눈물 비가 겹슬픔으로 뒤엉킨 여름날 먹구름 헤치며 제 살 저며 내며 무릎까지 닳아 버린 내 역마가 햇살 되어 마닐라로 날아갔다

긴급구호 수해지역
누군가 주고 간 밥숟가락에 매달려
아우성치는 어린 손들
오염된 하수구 물살로
갈라진 맨발이 검게 불타고 있다
샌들조차 주어지지 않고
시간만이 까맣게 묻혀 버리는 부정부패 속에
녹슨 해가 뜨끈뜨끈하게 숨어 있다

슬픔만이 지천으로 깔려
고인 악취가 지구의 밑바닥을 되질한다
톤도 쓰레기 더미
검은 물살 폭우 속에 꽂혀

쓸쓸하게 배를 두들기는 만삭의 여인
검은 눈빛의 흰 이빨이
환히 웃으며 나를 쳐다본다
마할 까낭 디오스*
내가 못 건넨 마음 기도문에 생명의 숨결이 속삭인다
기쁨의 합창이 나부끼는 검은 머릿결들
지상에서 영원까지 퍼져 나가는 것이 언뜻 보인다

---

* 마할 까낭 디오스 : "하나님은 당신을 사랑하십니다."라는 뜻의 필리핀어.

겨울 하늘 끝자락에서

살다 보면 기막힌 일이 넘쳐난다
강원도 횡성읍 서원면
어둡고 칙칙한 그곳
그곳에 작은 세계가 하나 살고 있다

마지막 겨울눈이 남아 있는 이곳
빛나는 겨울눈처럼
어두워 깊어져 가는 이 세상에서는
아무것도 보이지 않지만

봄날 저녁 흙 내음으로 가라앉으며
채울수록 넘치는 사랑으로
너를 만져 주고
나의 우울을 덮어 준다

이 세상에서 가장 낮은 사람으로
너의 겨울 하늘을 우러러본다

날지 않으면 길을 잃는다고?

시간이 까맣게 묻혀 버리는 밤이 되어도
날지 않으면 길을 잃는다
고, 그가 말했다
한여름 목숨의 누더기를 감추고
떠도는 새처럼 날고 싶어
하면서, 걸어간 자리
고요와 적막이 얽매인다
또다시 결박된 바람이 야윈 바람을 쪼아
너 있는 그곳과 나의 이곳 사이에
울음의 뼈다귀 바람 소리 흔들린다
어둠의 대들보를 끌어안고
횡단보도를 절뚝이며 걸어가는 쓸쓸한 프놈펜
서늘한 등 뒤로 봄 폭풍 한 차례
내 몸의 긴 협곡을 빠져나간다

또 하나의 우주

이름도 알 수 없는 벌레 한 마리
마른 다다미 바닥 위
맨살 부비며 울고 있다

홋카이도 외로운 시선으로
꾸역꾸역 피어오르는
달빛 추억을 감고 있는 눈물

스며드는 허전한 그리움 뒤로 한 채
이슬 찾아 떠나는 묻어 둔 사랑이
다시 흔들리며 나뭇가지만 적신다

별이 열리고
검은 바다가 펼쳐지고
낮과 밤의 이별이 만나고
또 하나의 우주가 보인다

해바라기

바람에 쓸려 가는 나그네 하나 서 있다

해를 줍는 옥수수밭 사이로
굽은 허리의 해바라기 노란 얼굴로
세상을 비질하고 있다
숨 막히고 저민 가슴으로
살아온 날들
살아갈 날들의 여름 집 한 채가
딸을 위해 이불이 되고
아들을 위해 요로 펼쳐진다
활기찬 팔월의 청동 바람이
해바라기에게 밤새워 속삭이고 있다

날아오르는 새가 되라고

폐교에는 여자가 없다

낡은 잠바 위로 알코올이 젖으며 타들어 간다
찌든 마약의 마음 벽 상처들 뒤엉켜 서성이며
꺼지지 않는 불씨로 남은 폐교의 숯검댕이
기다림은 언제나
가슴 언저리 인연이 되어
다물 수 없는 입술 사이로 번진다

그곳에는 여자가 없다

바다 속에서 암놈과 수놈들이
싱싱하게 파도를 가른다
적막한 어둠에 빚지고 있는
유효기간이 지난 생선 통조림처럼
뭍에 오르지 못한 비릿한 사내아이들
앙상한 등짝 위로 검은 비닐의 슬픔이
절망의 목덜미를 다 드러낸다

눈발 날리는 사월이 말없이 귀를 닫는다

---

* 횡성읍 서원면 폐교에서.

누군가 나를 묶어 놓고 있다

빗살무늬 바람이
스쳐 지나갈 뿐인데
바랜 햇빛에 묶인
질긴 깃털처럼
연습도 없이
이 하루도 함께 지냈습니다

천년을 사운대는
올리브 나무처럼
해와 달이
빛과 향을 잃고 방황할 때
두려움이 두려움으로 나를 묶어

앉았다 일어섰을 뿐인데
기다가 되돌아보았을 뿐인네
내가 나를 묶어 놓고 있습니다

검은 돛단배

땅끝 마을 카보다로카
작열하는 태양 아래서
목 쉬어 버린 검은 돛단배 하나
서풍으로 휩쓸려 가고 있구나

노을 곱게 물들어 가는
등대 바라보면서
나비의 꿈꾸는
고단한 여인 하나

새털처럼 가벼운 영혼으로 흩날리고 있구나

너, 어떻게 여기 와 있느냐

훈춘의 아이들

입술 사이로 흰 이빨을 드러낸다
아무에게도 들키지 않을
따뜻한 눈빛

잃어버린 부모의 사랑
건너뛰어야 하는지
병이 깊어 뿌리째 울음조차
아쉬워하는 하루하루

들키지 않으려고
지쳐 버린 눈망울들이
나의 밖을 안쓰러이 바라보고 있다
내 안의 작은 웃음이 발길질하여
겨우 도착한 곳이 훈춘이었다

당신 생각의 황혼

나를 불러 세운다
굴레 속에 갇힌 영혼들이
수만 킬로미터 떨어진 또 다른 구원의 손길로

뜨거운 야자수 아래
내겐 들리지 않는 주술이 차갑게 타오르고
깊은 무의식 저편 얼룩진 욕망이 매달려 있다

짓누르는 어둠 코끼리의 무게는
마른 땅 위에서
느릿느릿 울음소리로 퍼져 가고

제 몸 끝과 마음의 경계를 넘나드는 시간들
너무 짧아 풀지도 못한 채
홀로 먼 곳을 바라본다

흐릿하게 남아 있는 순수한 영혼
간절한 열망 잃지 않고

당신 생각의 황혼을 기다리고 있다

---

* 태국 동북부 크메르 문화가 남아 있는 '크랏' 이라는 도시에서.

검은 우울

— 달이 보이지 않는 지 푸린 구름 사이로 유리창에 갇혀 낡은 어깨가 춤춘다

태어나 처음 보는 파타야 트랜스젠더
긴 혓바닥 바람으로 쏟아져 나온다
마약으로 멍든 눈
알코올로 부르튼 몸뚱이들
그들만의 유토피아로 누워
대낮에도 살아 꿈틀댄다
하나뿐인 생명을 구가하는
트랜스 인더 파타야

그 캄캄한 밤
천국에서 지옥으로
다시 지옥에서 천국으로
곱슬픔 엉키어 든다
백만 송이 장미가 휘감기는 기타 소리
내 몸을 잡아당기며 울고 있다

어긋난 내 어깨에 걸려
물음표로 다시 돌아온다
껴안고 있는 암컷 몸뚱어리의 유혹
오래오래 검은 우울로
무너져 내린다

연길 가는 길 위에서

끝이 보이지 않는 길 위에서
햇빛만이 나와 나란히 간다
익숙해져 있는 시간 안에
붉은 지붕 위 티브이 안테나가
나의 시선 안에서 너를 기다린다

나는 늘 밀밭의 꿈을 꾼다
붉은 옥수수밭의 풍경화가
낡은 버스 안에서 흔들린다
경적이 울려 퍼지고 길 위에서 놀고 있는
큰 눈의 누런 소가 숲 속으로 사라진다

두만강 푸른 물에

뗏목 위에 깃발은 여름의 옷소매를 흔들어 대고
못다 핀 사랑 이야기가
노을을 불사르고 있다

60년 침묵
지워지지 않는 세월
지뢰 밟는 소리와 총소리만이
두만강 내 안에 들어와
북녘 땅을 향해 불끈거린다

20세기를 살고 있는 나
못다 핀 꽃 한 송이 노래로
갈대를 보듬은 채
뗏목 위에 으악새로 나부끼고 있다

방황과 모색의 시

김 재 홍

(문학평론가 · 경희대 명예교수)

인간에게 사랑이란 무엇일까? 전부가 아니면 아무것도 아니라는 말도 있지 않은가? 그만큼 사랑은 인류에게, 특히 여성에게 더 중요한 것처럼 보인다. 실제로 그런지는 모르겠지만 이제까지의 통설은 그렇다는 쪽에 더 무게를 두어 왔다. 위대한 업적을 남긴 많은 위인들이나 불후의 예술작품을 남긴 예술가들을 보더라도 여인의 사랑에 빚지지 않은 사람은 거의 없다. 그것이 모성애든 연인애든 여인의 사랑은 인류사에 창조의 힘으로 작용해 온 것이 사실이다. 한 남성의 정신적 생명을 살리기도 하고 죽이기도 하는 것이 여인의 사랑이었다는 뜻이다. 예수, 소크라테스, 히틀러, 피카소 등이 그 단적인 예라 하겠다. 대부분 시인들의 시에도 사랑에 대한 테마가 근본 동력으로 등장한다. 사랑이 내포하고 있는 온갖 음과 양의 감정 퍼레이드가 시인 나름의 무늿결로 파노라마처럼 펼쳐지고 있다. 단순히 감정적이고 열정적인 젊은 날의 뜨거움이 아니라 삶의 연륜을 통해 삭이고 삭여 감정의 실루엣으로 변모된 사랑의 모습이 그것이다. 시인이 오랫동안 시를 써온 필연의 이유도 거기에서 찾아볼 수 있겠다. 따라서 필자는 오랜 기다림 끝에 세상에 나온 시집 『겨울나무 황혼에 서다』의 상재를 축하하고 앞으로의 분발과 정진을 기대하는 뜻에서 그녀의 시세계를 살펴보고자 한다.

1. 성찰과 반성을 위하여

시인들이 시를 쓰는 이유는 삶을 살아가는 모습만큼이나 다양할 것이다. 그러나 그중에서도 공통적으로 도출해 낼 수 있는 근본 이유는 분명히 있다. 그것들 중 하나를 자아성찰과 반성의 욕구에서 찾아볼 수 있지 않을까 싶다. 목숨을 가진 인간은 어떤 식으로든지 무언가 실수를 하게 되고 누군가에게 잘못을 저지르면서 살아갈 수밖에 없다. 부지불식간에 우리는 후회와 잘못을 저지르고 반성을 하게 마련이다. 그렇다고 그다음엔 잘못을 저지르지 않느냐 하면 그것도 아니다. 생명이 붙어 있는한 무언가를 먹어야 하고 누군가의 도움 없이는 살아갈 수 없는 인간이니 어쩌겠는가? 그러다 보면 누군가의 마음을 아프게 하기도 한다. 이러한 행태는 살아 있는 생명체들이 가진 피할 수 없는 생의 옵션일지도 모른다. 노현숙 시인의 시편들에도 이러한 깨달음이 자주 등장하고 있다.

메마른 모래사막을 걷는다
목이 마르다

덜 망가진 채로 가고 싶은 바람이
핏빛 꽃 몰고 오는 저녁
딸에게 약을 먹이고 음독한 어머니
아들을 안고 한강으로 뛰어내린 아버지
외로움과 투병 생활에 지친 노인
명문 대학생 연예인 아나운서 최고 경영자 해고 노동자
고여 있는 썩은 물
매캐한 검은 연기가 하늘을 가린다

오래오래 꽃을 바라보면
마음꽃이 피어난다고
왜 피어 있는지 모르는 걸 보면
왜 내가 살아 있는지도 모르는 거다

꽃이 피는 날에는
살아야 할 이유를 내 스스로 쓸쓸하게 증명하고 싶은
부끄러움과 두려움으로 무릎 꿇어 기도드린다

— 「살아야 할 이유」 전문

위의 시에는 시인의 생에 대한 인식이 잘 나타나 있다. "메마른 모래사막을 걷는다/ 목이 마르다"라고 시인은 말하고 있다. 한번 생각해 보자. 뜨거운 태양빛이 하루 종일 무자비하게 내리쬐고 마실 물 한 방울 발견할 수 없는 사막 길, 가도 가도 길은 끝이 없다. 당도해야 할 목적지는 아득히 멀리에 있고, 등에 짊어진 짐은 물에 젖은 소금 덩이처럼 무겁기만 하다. 그래도 멈출 수는 없지 않는가? 계속 길을 가든지 아니면 앉아서 그대로 죽음을 맞이할 수밖에 없는 것이다. 그것이 바로 시인이 인식한 생의 모습이다. 그러나 그런 와중에서도 시인은 덜 망가진 채로 가는 바람이길 원한다. 그래서 시인은 천생 시인일 수밖에 없다. 무사히 사막 길을 통과만 해도 감지덕지해야 할 판에 덜 망가지길 원하다니, 이 점이 바로 노현숙을 시인으로 살게 하는 근본 동력에 해당한다.

자신은 살아야 할 이유를 모른다고 시의 화자는 말하고 있지만 실상은 그렇지 않다. 시인이 사는 세상은 "딸에게 약을 먹이고 음독한 어머니/ 아들을 안고 한강으로 뛰어내린 아버지/ 외로움과 투병에 지친 노인/ 명문 대학생 연예인 아나운서 최고 경영자 해고 노동자"가 함께 살아가고 있지만 시인은 여전히 삶을 꽃피우고 싶은 것이다. 노현숙 시인은 비록 외롭고 아프고 고통스럽고 목마른 생의 사막을 살아가야 하는 세상 사람들을 위해 시인이 할 수 있는 일이란 아무것도 없는 것처럼 보이지만 시인은 포기하지 않는다. 그저 스스로를 부끄러워하고 두려워하며 무릎 꿇어 기도드리는 일밖에 할 것이 없는 시인이지만 그 속에서도 살아야 할 이유를 찾아

내려 애쓰고 있다. 도저히 꽃을 피울 수 없는 삶의 현실이지만 시인은 오래도록 꽃을 바라보며 어디선가 꽃이 피어날 날을 기다리고 있다. 쓸쓸하지만 시인이 찾은 살아야 할 이유가 그것이다. 아래의 시 「성묘」에서도 시인의 자아성찰적 시적 태도가 잘 드러나 있다.

가을이 덮어 버린 하늘 아래에서
내 마음 차오르는 그리움의 이슬방울들
굽어 살라고 꺾어 살라며
나를 일깨워 줍니다

엊그제처럼 생생한
손끝의 벼랑 추억 뒤에서
아무것도 들을 수 없고
알 수 없는 잘린 인연 앞에서
철 늦은 통곡을 합니다

―「성묘」 전문

시의 화자는 지금 무덤 앞에 앉아 있다. 한껏 그리움을 안고 눈에는 그렁그렁 눈물이 고인 채 무덤의 주인이 생전에 했던 말을 떠올리고 있다. 그동안 잊고 살았거나 혹은 알면서도 실천하지 못했던 그날들을 자책하고 있다. "굽어 살라고, 꺾어 살라"던 그 말이 엊그제처럼 생생한 추억으로 새삼 다가와 시인을 일깨워 주고 있다. 그러나 어쩔 것인가? "아무것도 들을 수 없고/ 알 수 없는 잘린 인연 앞에서" 시인은 망연히 통곡할 뿐이다. 풍수지탄風樹之嘆이라는 옛말이 있던가. 시인은 깨달음이 너무 늦었음을 통탄하고 있다. 후회가 좀 더 빨랐으면 얼마나 좋았겠는가? 그러나 신은 인간에게 그렇게 친절하지 않다. 세상의 많은 문제는 늘 조금 늦어서 일어난다. 그래도 시인은 늦었지만 깨닫는다. 그러니 얼마나 불행 중 다행인가? 이처럼 시인은 삶에 대한 반성과 성찰적인 생의 인식을 통해 자기완성의 길로 나아가고자 조금씩 다가가고 있기 때문이다.

2. 비관적 생의 인식에 관하여

시인의 시에는 유독 부정적이고 비관적인 시어들이 많이 등장한다. '고통, 외로움, 아픔, 고독, 무너지다, 시리다, 쓸쓸하다, 막혔다' 등 그의 시 전반을 관류하고 있는 이러한 시어들은 곧 시인의 생에 대한 인식을 단적으로 보여 준다고 하겠다. 슬픈 감정은 곧 선善 의지와 관련되어 있고 선함은 또한 생명에 대한 연민에서 비롯된 경우가 대부분이다. 사실 생각해 보면 생명이란 얼마나 연약하고 슬픈 것인가? 인간은 울면서 세상에 나와 울면서 살아가다가 결국 스스로 울 수도 없을 때는 사랑하는 가족들 그리고 친지의 울음에 빗지면서 세상을 떠나간다. 다른 감정 안에는 거짓이 끼어들 수 있지만 슬픔은 그렇지 않다. 일부러 슬퍼질 이유는 없지 않는가? 시인의 시에 슬픔이 많이 배어 있다는 것은 근본적으로 시인이

착한 심성을 가지고 있다는 것을 의미한다.

하늘로 올라간다
두꺼운 구름 사이로
숨 가쁘게 달려오는 시간의 상행열차
길 위를 떠도는
이름 없는 세월의 철로를 따라
하행열차가 바람으로 스쳐 온다
흑백 스냅사진으로
흐리게 울고 있다

건네받은 어둠에 잠긴 슬픔
젖은 상처로 숨죽여 흐느낀다
치유의 바람 한점 없이 소금꽃만 피여
소리의 벼랑 끝에서
소리 죽은 울음을 말리고 있다

—「수채화 철로」 전문

'떠도는', '이름 없는', '흐리게 울고 있다', '소금꽃만 피여', '어둠', '슬픔', '벼랑 끝', '울음', '상처', '소리 죽은 울음을 말리고 있다' 등 한 편의 시에 등장하는 시어만 보더라도 시인의 생에 대한 인식이 어떠한지를 확연히 느낄 수 있다. 이것은 시인이 '생이 무엇인가?' 라는 물음을 끊임없이 스스로에게 던져 왔다는 뜻도 되겠다. 자신의 뜻과는 무관하게 어느 부모의 자녀로 태어나 싫으나 좋으나 일생 그 그늘 아래서 살다가, 다시 또 필연이든 우연이든 누군가를 만나 결혼을 하고 아이를 낳고, 그렇게 한세상 살다가 결국 시간에게 떠밀려 세상 밖으로 사라지는 것이 인생이라고 한다면 어찌 슬픈 생각이 들지 않겠는가? 슬픔을 제대로 알지 못하는 사람은 인생의 참맛을 제대로 경험하지 못한 사람일지도 모른다.

숨 가쁘게 달려오는 시간의 상행열차는 시인을 하늘로 실어 가려 하고 있다. 시인의 정신은 한없이 고상하고 높지만 현실은 그렇지 못하다. 현실과 이상 사이에는 아직도 두꺼운 구름장막이 가로놓여 있는 것이다. 이름 없는 세월의 철로를 따라 길 위를 떠돌고 있는 시인의 현실 속에는 치유될 수 없는 소금꽃만 가득 피어 있다는 뜻이다. 오르고자 하는 산이 높을수록 산행이 힘들듯이 이상과 현실 사이의 괴리가 클수록 절망의 깊이는 더 깊어지고 생은 비관적으로 느껴지게 마련이다. 그러기에 시인의 생에 대한 비관적인 인식 또한 이러한 이상과 현실의 부조화에서 연유한 것으로 보인다.

숨이 가쁘다 가을은
되돌아올 길 모르고 올라만 가는 그 길

고운 웃음으로 남겨진 채
서기 어니 있을시노 보블
거짓 사랑이 속살 내보이는 그 곳
반겨 줄 수 있었던 가을이면
언제나 발이 시려 왔고

따뜻한 손이 그리워졌다

미리 마음을 눈치채는 제 몸
계절이 바람 불고 간 다음에야 알았다

제 마음을 먼저 닫는 가을 문
가을이 허리가 아프다

—「가을은 가을이 아프다」 전문

시인의 비관적인 생에 대한 인식은 위의 시를 통해 보다 깊이 있게 드러난다. 고운 웃음으로 남아 있는 것처럼 보이지만 실은 그 웃음 뒤에 숨어 있는 거짓 사랑의 속살을 시인은 보고 말았다. 시인에게 있어 사랑은 아픔으로 남아 있게 마련이다. 되돌아올 길 모르고 온몸과 마음을 다 바쳐 사랑했던 그 사랑이 거짓이었다는 것을 알았을 때 그 쓸쓸함과 고독의 깊이를 어찌 누가 알겠는가? 안다 한들 돌이킬 수 있는 일이던가? 그 사랑이 거짓인 것을 알았을 때는 이미 "계절이 바람 불고 간 다음"이었으니 시인이 받은 상처는 얼마나 컸겠는가? 그러기에 시인은 "언제나 발이 시렸고/ 따뜻한 손이 그리워졌다"고 술회한다. 이제 마음을 닫아걸었으나 그리움은 여전히 남아 시인을 아프게 한다. 그렇다! 우리는 얼마나 많은 희망에 속고 사랑에 배반당하며 살아가고 또 살고 있는가? 속을 것을 알면서도 다시 희망에 목을 매고 그러다 좌절하고 절망하고, 그 모든 희망이 헛되다는 것을 깨달았을 때는 이미

늦어 버렸으니 참으로 안타까운 운명의 장난 그것이 아닌가?

3. 방황과 아픔의 시를 위하여

시인의 방황과 아픔은 이제 서서히 체념과 관조의 생모습으로 바뀌고 있다. 시인의 생에 대한 감정이 점차 가라앉으면서 주변을 돌아볼 수 있는 여유의 마음으로 변모해 가고 있음을 눈여겨볼 수 있다.

1.
멀리 바라보는 곳에는 누구에게나 일몰이 있다

머물지 못하고 떠나는 삶이
닿지 않는 계곡에 숨어 벼랑 끝 한 송이로 떨린다
내 안에 아쉬움이 온몸으로 느껴질 때
백만의 일몰 피고 진다

2.
용서하며 감싸 주면 안 될까
허물을 덮어 주는 여유가 있으면 어떨까
후회 없이 사랑하면
뒷모습조차 아름답게 살면

3.
바람에 흔들리는
아득한 유목의 길 위에서
언제 울음 그치나

멀리 떠도는 또 하나의 일몰

—「일몰의 아쉬움으로 결국 사라질 뿐이다」 전문

결국 인생은 잘난 사람이든 못난 사람이든 너 나 할 것 없이 "일몰의 아쉬움으로 사라질 뿐"이라는 것을 시인은 살면서, 사랑하면서 깨달았다. 아무리 머물고 싶어도 언젠가는 떠나가야만 하는 유한한 삶을 살아가고 있는 존재이고 보면 용서 못할 일이 무엇이며, 또 분노하며 허물을 꼬집는 일이 또한 무슨 대수이겠는가? 용서하고 감싸 주며 허물을 덮어 주고 후회 없이 사랑하면 안 되겠느냐고 시인은 항변한다. 아득한 유목의 길 위에서 언제 이 울음이 그칠까 시인은 멀리 떠도는 또 하나의 일몰로 피었다 지는 허무한 인생의 아우라를 인식하고 있다. 그래서 시인의 방황은 충분히 이유가 있고, 공감과 동조의 감정을 이끌어 내고 있는지도 모른다. 언젠가 철학자 레베카 라인하르트Rebekka Reinhard는 『방황의 기술』에서 말하지 않았던가? "방황이란 자신의 삶을 완전히 통제하고 싶은 유혹에 저항하는 것이며, 무한한 능력을 갖춘 불안하고 허점 많은 인간이 자신의 본질과 마주하는 기회다."라고 말이다. 그는 방황을 무의미한 정신적 유랑으로 보는 것이 아니라 방황을 통해 인간은 그 자신이 가지고 있는 능력을 개발할 수 있기에, 따라서 방황은 인간이 자신의 존재 찾기를 위한 긴 여정이라고 말하고 있다. 괴테는 『파우스트』에서 방황이란 결국 신이 창조한 인간본성에 좀 더 가까이 다가가기 위한 무의식적인 행위체계이며 혼란스러운 삶을 어떻게든 살아내려는 도전과 몸부림의 한 표출이라고 말했다. 그렇게 볼 때 시인의 의식의 많은 부분을 지배하고 있는 방황 의식과 유랑의식은 시인이 '나는 누구인가?' 라는 본질적인 물음에 끊임없이 자신을 내어던지고 있다는 것을 의미한다.

빗줄기 사이
야윈 햇살 콘크리트 눈물로 굳어 가고 있다

봉인된 편지처럼
날지 않는 기억
가뭄으로 말라 가고
검은 눈동자 주위로
시간을 잃어버린 계절이 배회를 한다

이윽고 고난의 장맛비
수직으로 떨어져 내리고
비구름 아래 갈 곳 없는
나의 영혼이 떠돈다

—「쏟아지는 둥지」 전문

시인이 방황을 통해 깨달은 자아는 “빗줄기 사이/ 야윈 햇살 콘크리트 눈물로 굳어 가고 있다”라고 할 만큼 절망스럽다. 봉인된 편지처럼 답답하고 더 이상 소통이 없는 기억은 가뭄으로 말라 잊혀지고 있다. 그러나 시인은 홀로 잃어버린 기억을 찾아 배회하고, 어디에서도 그 흔적을 찾을 수 없는 기억은 시인의 영혼을 끝없이 지치고 떠돌게 만든다.

그렇다면 시인을 방황하게 만들고 배회하게 만드는 기억의 실체는 과연 무엇일까? 하이데거는 “인간은 세상에 내던져진 존재”라고 말한다. 인간은 얼마나 불안한 실존인가? 어디에서 와서 어디로 가는지도 모르는 불확실한 실체를 떠안고 위험천만한 이 세상을 살아 내야 하는 연약한 실존, 그것이 아니겠는가? 불확실한 현실 속에서 시인의 섬세한 영혼은 흔들리고 방황할 수밖에 없지 않겠는가? 결국 시인의 방황은 불확실한 현실에서 살아남기 위한 생존방식의 몸부림인 셈이다.

4. 자기 극복과 견딤의 시, 이김의 시를 위하여

그렇다면 시인의 오랜 방황은 무위로 끝날 것인가? 아니다. 그렇지 않다. 시인은 오랜 방황과 아픔의 시간을 통과하여 마침내 어렴풋이나마 자신의 실존의 본모습에 가까워지고 있다. 시인이 처한 현실은 여전히 북풍한설에 놓여 있지만 그러나 시인은 그 현실을 강인한 인내심을 발휘해 이겨 내려 한다.

1.
단호하다

몸이 가벼운 겨울나무 가지
앙상함이 여린 속살로
북풍한설北風寒雪 부러지지 않는다

날개 접는 석양
겨울나무 가지 사이로
그렇게 자신을 낮추고 있다

2.
나는 뒷걸음친다

허공에 묻힌 겨울나무 가지 올려다보며
내 안에서 더 기억해야 할
늙어 가는 나의 죄상들 낱낱이 더듬어
순순히 인정하기로 한다

세상에 대한 기억마저도
비워 낼 것 같은 북풍으로
내 부끄러운 순간들을 지워 내고 있다

―「겨울나무」 전문

이 시에서 겨울나무는 시인 자신의 객관적 상관물로서 무수한 방황과 갈등, 아픔을 견뎌 내고 하나의 견고한 의지의 표상으로 서 있다. '단호하다' 라는 시어가 말해 주듯이 시인의 영혼은 이제 더 이상 쉽게 흔들리지 않는다. 비록 앙상한 가지 여린 속살로 여전히 북풍한설을 마주하고 있지만 강인함을 잃지 않고 있는 것이다. 노현숙 시인은 자신의 실체를 똑바로 직시하면서 겸허하게 자신을 낮추고 자신의 내면에 깊숙이 잠자고 있는 신성을 스스로 일깨우고, 그 안에서 신이 주는 진정한 치유와 안식을 얻으면서, 자유로운 영혼으로 이르는 길을 모색하고 있는 것이다. 시 「가을, 고해성사」에는 시인의 이러한 사색이 좀 더 긍정적이고 발랄하면서도 여유 있게, 그리고 배짱 있게 전개되고 있어 주의를 환기한다.

속살을 만지고 간다 내 마음의
나는 너에게로 가서
살갗조차 만질 수 없는데
가을 저 홀로 쓸쓸하게 다가와서
나를 흔들다 가고
내 손을 만지다 간다
나는 네게로 가서
네 손목조차 만져 볼 수 없는데

너는 네 바람의 발목을 만지다 간다
나는 외롭게 네게로 가서
네 발목 언저리라도 만질 수 없는데
순도 높은 가을이 그리워
들키지 않게 온몸 투명해져
내 안을 가득 채웠던 붉은 고뇌들

원죄가 끊임없이 나를 흔든다

접근 금지! 시간의
황색선이 그어지고 있다

―「가을, 고해성사」 전문

여전히 시인은 고해의 선상에 서 있다. 그러나 잠시 여유롭게 자신으로부터 물러나와 제3자의 관점으로 돌아가 자신을 객관적으로 바라보며 아직 남아 있는 욕망과 원죄의식과의 결별을 준비하고 있다. 그러나 아직 그리움이 다 마른 것은 아니다. 여전히 만지고 싶고 가 닿고 싶고, 언제든 활활 타오를 준비가 되어 있는 것으로 풀이되기 때문이다. 그러나 "접근 금지!" 스스로를 억제할 수 있는 이성이 충분히 성숙되어 있다.

스스로를 단죄하고, 그 죄로부터 어느 정도 자유로워진 명랑한 수형자의 모습이라고나 할까? 시인은 시를 통해 실존을 극복하고 차츰 자아의 원상에 근접해 가게 된 것이라는 뜻이다.

5. 맺음말, 사랑의 시학을 위하여

노현숙 시인의 시에는 유독 사랑을 주제로 하는 시가 많다. 「접착제 사랑」, 「너와 더불어 살 수 있다면」, 「장미」, 「열애」 등의 시편들이 바로 그것이다. 사랑은 시인의 주요 시적 원천

이고 삶의 근본 동력에 해당한다. 또한 현실적인 생의 추동력이자 사랑은 끊임없이 시인을 쓸쓸하게 만들고 외롭고 고독하게 만든다. 그러나 시인은 어쩔 수 없이 다시 사랑을 갈망한다. 너와 더불어 살고 싶고 접착제처럼 붙어 있고 싶어 한다. 그러나 회자정리라 했듯이 만나면 헤어지는 것이 세상 이치가 아니던가? 시인의 시에 나타나고 있는 그것은 현재 진행형의 사랑이라기보다는 사랑의 상실을 무대로 하여 펼쳐지는 경우가 대부분인 것으로 이해된다.

만났던 날보다
더 사랑했고
사랑했던 날보다
더 많은 날들을
길고도 머언 기다림 속에서
그리워했었지

너를 보내고
너를 떠나서
어떻게 살아야 하는지
기인 숨 내뿜는 것조차
힘들었지

내 인생 전체를
삼키고도 남게 했던
문신 같은 어린 왕자

연민의 시간과 추억의 날들이
내 안에 뿌리째 박혀 있어
꺼내기 힘든 기억을
네가 떠난 자리엔
바람 불고 비 뿌리고
지금은 눈이 내리고 있지

내 둥지를 떠나
지금 어디에
이 세상에 단 한 사람
어린 왕자여

—「길고도 머언 기다림 속에서」 전문

이 시에는 사랑하는 한 사람을 떠나보내고 나서 아파하고 그리워하는 시적 자아의 심정이 보다 구체적이고 진솔하게 드러나 있다. 이 시를 통하여 시인은 스스로에게 결별 의식을 치르고 있다. 너 없이 살아야 하고, 네가 떠난 자리엔 지금도 눈이 내리고 있지만, 시인은 그 상실의 상황을 인정하고 기다림의 자세를 견지하고 있다는 것이다.

비록 시인은 사랑을 떠나보냈지만, 사랑은 여전히 시인 곁을 맴돌고 있다. 이 점이 노현숙 시인을 계속 시 쓰게 만들고, 살아야 하는 이유를 만들고 있는 것이다. 목숨이 붙어 있는 한 인간은 사랑하기를 포기할 수 없다. 사랑하기를 포기한다는 것은 바로 죽음에게 자신을 내맡기는 일이라고 말한다면 지나친 말일까? 아닐 것이다. 따라서 노현숙 시인의 사랑 시편들은 시인이 이 세상을 살아가기 위한 들숨 날숨인 것이다. 시인의 시는 형성되어 가고 있는 중이고 진행 중이다. 따라서 필자는 이번 시집 『겨울나무 황혼에 서다』를 통하여 앞으로 시인이 다시 만나게 될 더 원숙한 시와 사랑을 기대하며 박수를 보낸다.

시인 노현숙

경북 의성에서 출생하였고
성신여자대학교를 졸업하였다
1994년 『자유문학』 신인상으로 등단하여
『문학사상』과 『현대시학』으로 작품 활동을 시작하였다
시집으로는 『바람은 없다』가 있으며,
한국시인협회 회원이고,
현재 안나 데이케어 힐링포엠 강사로 활동 중이다

E-mail : rohyunsook@hanmail.net

겨울나무 황혼에 서다

지은이 | 노현숙
펴낸이 | 김재돈
펴낸곳 | 도서출판 시와시학
1판1쇄 | 2013년 7월 30일
출판등록 | 2010년 8월 10일
등록번호 | 제2010-000036호
주소 | 서울 종로구 명륜동1가 42
전화 | 744-0110
FAX | 3672-2674
값 8,000원

ISBN 978-89-94889-54-2 03810